Sanduíche de anzóis

Paulo Scott

Sanduíche de anzóis
Poemas

Escrita nova e escrita
reinventada até aqui

Copyright © 2025 by Paulo Scott

Grafia atualizada segundo o Acordo Ortográfico da Língua Portuguesa de 1990, que entrou em vigor no Brasil em 2009.

Capa
Fábio Zimbres

Revisão
Thaís Totino Richter
Angela das Neves

Dados Internacionais de Catalogação na Publicação (CIP)
(Câmara Brasileira do Livro, SP, Brasil)

Scott, Paulo
 Sanduíche de anzóis : Poemas / Paulo Scott. — 1ª ed.
— Rio de Janeiro : Alfaguara, 2025.

 ISBN 978-85-5652-252-8

 1. Poesia brasileira. I. Título.

24-226089   CDD-B869.1

Índice para catálogo sistemático:
1. Poesia : Literatura brasileira   B869.1
Cibele Maria Dias – Bibliotecária – CRB-8/9427

Todos os direitos desta edição reservados à
EDITORA SCHWARCZ S.A.
Praça Floriano, 19, sala 3001 — Cinelândia
20031-050 — Rio de Janeiro — RJ
Telefone: (21) 3993-7510
www.companhiadasletras.com.br
www.blogdacompanhia.com.br
facebook.com/editora.alfaguara
instagram.com/editora_alfaguara
x.com/alfaguara_br

Dedico este livro à timidez e à gagueira da infância que me fizeram ser poeta.

Este livro são quatro.
O primeiro é sobre o amor.
O segundo sobre a revolta.
O terceiro sobre a loucura.
O quarto é um manifesto.

LIVRO UM

lembro que faltou um abraço meu naquela vez em que
você saiu para contratar o serviço de internet banda larga
estava chovendo e tinha que ser pelo orelhão
a empresa de telefonia não aceitava solicitações pelo celular
e demorou dias

e também flores em minhas mãos na vez em que
chegou em casa dizendo que aprendeu a andar de bicicleta
e que o passo seguinte seria escrever
um roteiro de minissérie que desse grana
para a gente *ser para sempre* e me abraçou

aqui ainda: passagens que não puderam ser pagas
um restaurante onde o garçom fez tudo errado
caixas de papelão das mudanças recíprocas
teu mise-en-plis que jamais colou no meu cabelo
texturas de gesso parecendo lugar para morar

rotina, atraso espaçoso — vê, está aqui

estamos vencendo, amor

nos latidos dos cachorros da rua
escutei a água gelada correndo nas torneiras
da tua casa querendo escuridão
e se misturando ao cheiro do teu cabelo
e às tuas sardas

precisei de ano inteiro
para encontrar a enfermidade que me afastasse de ti
e ela veio e se escondeu nos meus joelhos
para que eu não pudesse te acompanhar
(e depois trouxe voracidade e solidão)

hoje entendo que só possa haver uma alegria
essa que se mantém no silêncio do tempo
emparedada na dúvida que nutre as orações
no corpo dos pequenos seres, das coisas que
resistem sem saber e precisam tanto de nós

somos o pedaço da noite
impedido de existir
posto a pender (depostos pelo não responder)

nesse bônus, secou-se a intuição
(e tua brutalidade atrasará)
é o que toda manhã desmente

porém toda manhã me surpreende
(e espero)
talvez haja bonança

e nossa dor passará

encaro teu olhar indesviável
do tempo em que mais lutei

e continua sendo teu (e só teu)
esse nome que agora revolta

não sei se voltarei
(teus olhos sempre distante desejo)

para o que desaprendo
enquanto tua poesia sem medo

desacerta
o nome feio da razão

teu silêncio no chiado do interfone
antes que encolhessem
os dias em que passeamos
pelas ruas vazias da Pompeia —
o desejo de quando você
juntava palavras novas e se alegrava

o jogo de gude que se tornariam
as mensagens no celular perguntando:
e se tudo acabar — arando o palimpsesto
e ainda não fazíamos ideia
do terrível paraíso que seria
(finalmente) conseguir

é holiday, e você ainda não sabe
que vai me beijar diferente
por causa dessas coisas da vida
que deixam você triste
(e já não me fazem mal algum)

é holiday
e teus olhos fogem do peso
das nossas contas espalhadas
sobre o tampo da mesa
neste sala e quarto alugado

é holiday
e não precisamos trabalhar feito animais
sem direito a descanso —
e não precisamos saber o quanto somos parte
de tudo de errado lá fora

é holiday
e tudo fica tão calmo
enquanto você me beija
e me abraça no sofá — tão calmo
como no começo do nosso amor

é holiday
indelevelmente holiday
é o nosso amor se perdendo
como todas as coisas
que se quer guardar pra sempre

você olha para a pessoa e ela diz as mesmas
coisas que disse das outras vezes
e já está inebriada pelo sexto copo de cerveja
segurando firme a sua mão
ignorando toda a beleza da praia do Arpoador

fala que por um tempo as coisas deram muito certo
e você responde que ainda torce para ela não estar errada
então o garçom se aproxima e passa a conta
avisa que precisa mesmo fechar o restaurante —
a pessoa diz sim, pode ser

depois sem eloquência apesar da claridade

ó, meu amor, não arrume a saia
não queira se perfilar —
o sábado só me admite de longe
nas sobras, te medindo

ó, meu amor, não saia do parapeito
não esfregue o joelho na grade
não olhe para trás sorrindo — livra
tuas mãos para que voem

eclipsando o sol, aparando-me antes de cegar
não tente saber se já vou indo —
se é verdade que está comigo, meu amor
por que me traz tantos perigos?

aos sábados
o menino que mora no edifício
em frente ao nosso
passa o tempo todo
vestido de bailarino
fica esperando
eu parar de escrever e olhá-lo

quando olho
tira os óculos de grau
exibe sua nova coreografia
sorrindo, esperando —
mostra a cartolina de sempre
onde está escrito
personagem para romance

dança mais um pouco
pula sobre a cama
bate continências
e abana —
às vezes, usa um apito e
quando sorrio
pinta com têmpera grades na vidraça

é seu modo de dizer que seus pais partiram

e que, no passado, outro sábado se perdeu

flagrada em meu descuido platônico
tua íris castanha me exaure
largando-me sozinho
sem reflexo ou reflexo de mentira
já que nunca me encontrou
e agora me incendeia como folha fina

ocultando-me sob o meio-dia
avermelhando-os de propósito
deixando-os transbordar
sem que eu tenha chance de saber
quando teu olhar relampejará
(e depois esverdeará em pingos)

estagnando essa minha ausência em ti
num aguaceiro que insistirá
até acinzentá-los, desbotando-os do rosto
varrendo-os de mim
ostentando-os como lençóis
que tremulam ao vento

recusando a brisa mansa
(à espera dos temporais)
como se o céu azul em teu olhar Calipso
nunca
tivesse
existido

as palavras daquele verão
funcionaram em pares mal atados
uns vivos, outros fantasmas

despencando dos barrancos
na tranqueira dos pulmões — fantoches que
se desagregaram no vento da boca

sempre Sísifo
nos ganidos da fala gaga
certas da solidão — e ainda pedintes

do quente da alma

são tantos nomes para chamar você
e você somente uma

escoando o linho de onde te escuto
borrada de panapanás

essa luz barroca e toda tua
nesta semeadura

que agora avoa

honey pequena palavra
não jogue teu riso ao vento
não gaste tua eletricidade o tempo todo —
eu gosto de você sem fazer força

honey pequena palavra
competência na solidão —
sair para comprar pão e leite
nas tardes de domingo

não é o que se pode chamar
de *a coisa mais excitante* —
mel, ora sim, ora não
termine o café e volte para a cama

se ainda quiser

medindo um metro e oitenta prematuros
costumava ser arrastado
pela minha prima mais velha
para as reuniões dançantes do Partenon Tênis Clube

e nas matinês de domingo
desajeitado e tímido até não poder mais
servir de par a suas amigas sem namorado
(todas altas e mais velhas do que eu)

garotas querendo dançar as músicas lentas
que naquele final da década de setenta
eram o momento auge da discotecagem —
entre elas, havia uma que fazia aulas de balé

Cátia, a que não dava confiança para ninguém —
mas quando tocava *Baby Come Back*
me buscava onde quer que eu estivesse
sem conversa e sem intimidade, dançávamos

e no fim da música colávamos os rostos —
foi ela quem me ensinou a aguardar
a saber do inconcebível nas músicas
a compreender um momento bom

sem sonhar com as danças
e (depois das danças)
o que, além de *Baby Come Back*
eu jamais poderia ter

no dia em que Nelson Mandela é solto
meu irmão e eu saímos do hospital —
vamos até o metrô
equilibrando as mochilas que sobraram
os dias em que ele ficou internado
e a proximidade

no dia em que Nelson Mandela é solto
vejo no olhar do meu irmão o assombro
de voltar — e a busca por acenos onde a luz
agora é estranhamento

no dia em que Nelson Mandela é solto
a Northern Line queima sua poeira
na grossura de nossos lábios
fundindo nossa preocupação
com a desatenção dos demais passageiros
no túnel e na velocidade (e não há como saber)

no dia em que Nelson Mandela é solto
decidimos entrar num restaurante barato
atrás do oxigênio que só existe
para quem pode pedir um prato de comida
fora das instalações de um hospital —
e meu irmão não entende muito bem
quando digo que Mandela foi solto

no dia em que Nelson Mandela é solto
depois do restaurante, voltamos de ônibus
para o quarto que alugamos no oeste da cidade
(onde, exaustos, simulamos a flor de nosso natal)
e é mais fácil sem o peso das mochilas nos braços

no dia em que Nelson Mandela é solto
ficamos em silêncio deitados na cama dele
escutando o planeta que não para —
é onde está o dia em que
brilhando nossas peles sul-americanas
de mãos dadas, seguimos jovens

no dia em que Nelson Mandela é solto
o relevo da noite cruza a vidraça do quarto
descartando o susto que ficou desprovido —
e, mesmo arrogando a vigília (pois tudo agora flutua)
durmo logo depois que meu irmão dorme
vibrando a flor da tristeza que nos remendará
tentando chegar ao que, por nós, continua odisseia

e, da contingência, se repõe aparte

tua falta se espalha
não há mais nada que se ocupe de mim
não há lágrimas
já não há medo de acordar
e, na boca, nem sequer teu nome
para afogar

tuas violetas rebolam no vento suave da tarde
meus olhos as reparam com inexperiência
conduzindo-as como me é possível —
as janelas estão abertas, as vidraças limpas
não querendo voltar
assim mesmo, nada em mim as sobressalta

a distração quase me afoga
(e periga não saber se durmo)
o telefone não toca, os vizinhos
do prédio ao lado cansaram de olhar
tudo finge que não estou —
os pardais perderam o medo

saltitam pelos tapetes da sala
à procura do que sobrou
espalhando seu cinza impaciente sobre mim —
vez ou outra, um calafrio me agita
os pardais se ariscam, voam assustados
e quase quero segui-los

é quando vem do quarto o sussurro:

fica, meu anjo, fica

o ônibus sai da avenida asfaltada
volta para o planeta das ruas de chão batido
a ponta do meu dedo
varre o fundo do potinho de iogurte —
a língua espera

quatro da tarde, o ônibus chacoalha
não há passageiro em pé —
e o doce que fica no azedinho
é com o cheiro de morango que perfuma
o cheiro da favela

sentada ao meu lado, minha avó me observa
entretida em um silêncio que não pergunta
a tampa lambida ainda grudada
na borda do potinho — e o falso alumínio roçando
seu falso prateado contra minha bochecha

ônibus favela adentro, uma troca de cores
que nunca mais sairá da minha cabeça —
o comercial da televisão, a embalagem
durando em ser minha amiga
no cor-de-rosa, no plástico azurado

uma fresta de luz no fundo de uma caverna
o olhar de minha avó
o balanço tapete voador — das coisas trincadas
uma forma de não ser passageiro
uma forma de escapar dali

para os outros era improviso
desjeito natural
cortina do próprio desejo
as vezes em que não lutou
como alguém de coragem lutaria

(não quer internet, não quer somatório)

espalhando na casa
versos que não precisam de vingança
enquanto recolho teus adesivos
teus pratos, tuas canecas, tuas pétalas
e na palavra pétala

almoço os restos que você deixou

garota medalha é a garota das medalhas
ganha a vida entregando medalhas
nas competições de natação
é um trabalho como outro qualquer
e pode ser bem divertido se as outras garotas
forem do tipo que sabem se divertir —
atletas não se divertem porque estão
concentrados e precisam vencer e ter mais medalhas
(nem todo atleta sabe dar valor às garotas medalhas)

ser garota medalha é apenas um dos trabalhos
da nossa garota medalha —
neste mês, ela também será a garota animadora
em uma festa na madrugada do dia vinte e cinco
ganhará quase dez vezes mais do que ganha
sendo a garota medalha
mas não terá tempo para conversar —
a garota medalha teve oito empregos diferentes
durante este ano, mas este ano não acabou

a garota medalha ganhará um vestido vermelho
para trabalhar na festa de natal —
fazer parte de um momento de vitória
é fazer parte de um momento de beleza
a garota da medalha é comprovação da beleza
e da sorte
a beleza não é a sorte
(um atleta precisa ser inteligente)
a garota medalha tem família, mas eles não são daqui

a garota medalha acorda
pensa em mil coisas
para não pensar na sorte
o vestido
a festa
a garota medalha se esforça
segue em frente
nossa garota medalha —
a beleza é um presente

você me diz: este mês é à míngua
engrenagem que esfacelará a Bonder
dos teus pobres versos

e eu respondo: este mês vai testar nossa gangorra
o esbravejar dessa decoração antes que o girassol
da nossa festa de aniversário faleça

registro de show aéreo
quebra-molas trepando nos prédios
colando na respiração a ferrugem que resta

a faxina da orla até o que nos picolés-foguete decola
Eclipse oculto de trilha sonora —
então você sai do vento, Cata-Vento

e volta a segurar minha mão

o apartamento era um barquinho
prestes a virar

a gente escutava o canal de notícias
e o canal de esportes

mas na maioria do tempo
a tevê ficava desligada

nossa intimidade se desfazia
em camadas beijo de olho

que você cobrava dos meus
(anzol errante)

nunca tão emigrantes quanto os teus

num estalo
foi ao barro do para-brisa
que a mariposa
se juntou

dunas oferecendo
sua miragem
(autobondage) onde
sem bater de asas

você também ficou

acordo com a lâmina da pá gravitando
seu horizonte direto no meu olho
viu, ela me diz (e atira a pá longe)
então sai porta afora, corre até a praia

encontro-a de joelhos
com os dedos enterrados até a palma
suas canelas estão quebradas
e, com a boca cheia de areia, ela diz

eu sei que você ainda me conhece muito bem

descer de São Paulo para o Rio de olhos fechados
contando até vinte antes de abri-los de novo
enquanto você dorme na garupa da Vespa

febre de feriado, cascas de sexta-feira, show de exorcismo
carpas nadando em antibiótico e baião de Resfenol —
então você acorda, retorna para onde estava a sonhar

teu Marlon Brando em sessão da tarde, evitando
abrir os olhos por causa do marear
e, de novo, pergunta

se a gente é tipo casado ou tipo vai só namorar

erodíamos um no outro
a cura da petrificação

certeza de futuro — um círculo
tardio horror naquele raio

poemas que já são todos os meus poemas
que para você ainda não foram escritos —
não é possível recuar depois que se arma
a maravilhosa banquinha das expectativas
e, no folder, Deus aluga seus guarda-sóis coloridos

então você me diz que não conseguiu dormir
e em seus olhos, de novo, o opaco do Rivotril
o tempo que nos protege à noite
do que vai se deixando e do que vai ficando
sob o tapete — reincidente amor

(os coelhos fogem)

e a noite solta os seus falcões

quebrei meu dente conversando contigo
pelo telefone, Bolachinha

bilhetes para brincar com os farelos
de nossa bastilha

retinta e marimbondo, Pop Nairóbi
o baile que atiras

do teu voo

a beleza dos teus olhos me devolve terra à vista
é durante o naufrágio quando é mais bela
a raia da piscina — Calibã gazeando pedágio
fingindo banho de sol
enquanto rói as costuras dessa cabeça
que não sabe se tem o direito
de se sentir feliz

esse nunca dormir de planta sem água
altar que desaba quando fica pronto
porque dúvida é pela volta do gostar —
dia de sábado querendo mais alegria
sem cogitar se é exagero
cosendo horizontes
este olhar azul nascido contigo, tanto

que deixa o céu me engolir

à tarde, no intervalo das aulas
para quem ficou de recuperação
a capitá do time de vôlei
se aproxima dele
e pergunta se ele
a quem ela fazia questão
de chamar de feio e sem-sal
estava querendo aparecer
dando as caras na escola
com aquele calção mínimo
aquelas pernas de fora

quero morar na página onde descansam os elefantes
quero morar bem perto de você
e no abandono dos transeuntes
lotear dias de retorno e contracapas ao redor de você
e toda Porto Alegre para descaberem
em teu corpo tomado pelo resto de palco

a medicina do tempo aguardará, você está igual

e toda variação encontrará nova tentativa do amor
e a possibilidade de não o ter para adornar
este deserto invencível
de mudez coreografada e também a pouca memória
(as mil maneiras de você renegar nossas fraquezas)
na tragédia de fazer o dia seguinte entrar

ainda que não haja prática
torço por esse resquício
esse ainda sermos tensão
na emenda elástica
nos vestígios
enquanto você fala dos filhos

e eu minto que virei escritor

espera-se do poeta que lave as mãos
antes e depois de utilizar o mictório
e não se distraia
com o mau estado temporário dos azulejos
na parede do banheiro quando houver
azulejos na parede do banheiro e alguém
aguardando à mesa

espera-se do poeta que seja pedra
e, sendo pedra, aguarde à mesa até que outros
cansem desse jogo de equipes que é a solidão
até que (sendo invariavelmente pedra)
seja pedra de verdade e algum funcionário desavisado
venha limpá-lo com água e desinfetante e monte nele
uma churrasqueira que, por certo, nunca será usada

espera-se do poeta que nas faixas de segurança
seja o *leia Hilda Hilst* e não tenha necessidade de ser bonito
e goste de animais domésticos e de crianças
e, sendo montanha de pedras (e o padrinho), lembre-se de enviar
cartas de aniversário, procurando jamais
ser descuidado ao falar de futuro e de amor
porque no universo das pedras nada mais brega

do que uma carta apressada e, ainda assim, de amor

para quem trabalha em restaurantes
restaurante deveria se chamar
casa para se desfazer do que não foi bem guardado

a mancha posta à mesa — mancha que não se desfaz
são as pessoas em suas idas a restaurantes
que se desfazem

e, no amor, o amor se desfaz
e, nele, as pessoas e as manchas nas toalhas
não

vem, calça os pés nesta água
que ainda serve para eu me lavar
tudo está perfeito
mas continua, viu
possivelmente hostil
com o que sobrou
da tua certeza de Alice
tentando ignorar
que eu posso ser triste
só não posso ser triste
ao teu lado

na loucura de endereçar
o envio da carta
e o receio de não chegar

o que a masculinidade não retém —
o desencontro da prontidão
quando termina o recreio

o que se lotou de dietas fracassadas —
as escoriações do amor
refeitório desocupado

que em teu nome
foi adiante
e, quando tão pouco restava, se cumpriu

na inquietude da cidade
a inquietude de certos casais
nos silêncios das luzes
projetadas pelas janelas da sala
de seus apartamentos

e dentro dos apartamentos
o som das máquinas de lavar roupa
que funcionam somente nas madrugadas —
as que não aparecem na luz
que sai das salas dos apartamentos

som da área de serviço
(multa condominial)
o torcer das máquinas
a centrífuga e o seu dobro do motor
(sem perguntar se dormem)

lavando a sujeira do começo do amor

entrega de sol aonde os pais nunca chegam
e prossegue em loteamento
quando se olha de cima

a véspera que se entrega
possível em não estar
cedo pelo que diz venha

pelo que (diz: não é tarde) incendeia

aguardar de meus pais
o sorriso que só aparecia
quando assistíamos
a filmes de violência

submarina certeza de que
uma vez por semana se repetiria —
enquanto eu procurava
chassis de escavadeiras

(vênus em céu que troça)

eu que tinha tudo
para ser o que vinga
dizendo não ter importância
viver lesado no coração

continuidade que jamais saldaria
quando não fomos ao parque
(fiando assombrado)
máquinas não ficam doentes

do meu quarto no hotel
escuto uma voz parecida com a tua
e penso como separávamos bem
o joio do trigo

(nosso não conseguir passar de ano)

e fico ali escutando
no que é misturado
(e de passagem)
até a luz se acalmar

desenha o mesmo lago
nos balões da festa
e, no meio dele, flutuando
uma bola de praia

caminha até o ser amado
e oferece o lago e a bola*
mas o ser amado não aceita —
então larga o balão

que pende e toca o parquê
afundando o piso e a sala
o prédio inteiro desaba —
e, por sorte, todas as pessoas escapam

mas *a volta da pessoa amada* não

---

* flutuo a seis metros da bola arrastada pela correnteza onde a instabilidade é a massa
dentro dos balões das personagens que não fazem a menor ideia de quando é sua vez

Para Valéria

é novo esse pigmento na tarefa
de inventariar as ferramentas
criar essa recente individualidade
e o que será vendido amanhã

a eternidade que será assumida
com o suor que nos protegeu
nestas dezenas de luvas
emboladas, aplaudidas

o homem que partiu
e sua tarefa de tocar nossos rostos
remexer de longe a vida
(enorme é essa função)

tudo me aguarda — fagulho
amplio sua parte maciça
o fado que por minha conta
(e por muitos anos)

ainda precisa valer

Para Larissa e Xico

compreendo o cordel quando diz
que morrer é liberdade
e nessa mecânica
viver atrás da morte: oásis

perdi as contas das vezes em que saí de casa
para morrer na rua
única trégua possível (sem maldade)
quando à casa só a terra firme tele-entrega

e era preciso desmonte, meu público acidente
a certeza de que o tempo nada somaria
enterrando a pressa ao testemunho da noite
e transformar tudo em noite na frente da bandidagem

mas agora é diferente porque morro deste amor
manhãs erguendo pálpebras, Irene e seus passinhos
(e seu calor) amarrotando o edredom de mansinho
álgebra quicando em orquestra seu tom

por isso não preciso que me matem
não preciso me matar
com Irene morro todos os dias
todos os dias ao acordar

não preciso que me salvem, não preciso me salvar
quando Irene sorri nunca é tarde
e não tenho vergonha de dizer: todo sorriso é voar —
não preciso que me matem, não preciso me matar

Irene todos os dias, todos os dias ao acordar

ontem choramos
e você chorou num horário e num cômodo
diferentes dos meus

repartimos essa escada dobrável
sobre a qual caminhamos pelo apartamento
e tudo anuncia um circo que não chega

as nuvens se aproximam das salas
você as enxota (hoje você chorou) —
chamaremos de receita quando tudo isso passar

em nosso rosto um olhar
que já não teme se perder das coisas —
e, no meio do sonho, você diz:

uma das cores entre as cinzas
foi a única que ainda não pagou
o ingresso

projeta alma
constrói sua alma
porque alma é rito —
essa fábrica sua etapa

sem que nada te exceda
da balança do outro
porque alma é ferida teimando
(o que não escapa)

inaudito
durante
no mínimo
dois

a conveniência
de ser apenas alguém estranho
com ideias estranhas
na reta final deste mundo
já não é suficiente

você desejou com todas as forças
e agora se tornou uma espécie
de monstro inabalável —
e a câmera que te
acompanhava já não existe
e você só está preocupado
em sobreviver

o sonho invejado pelos outros
não passa da única forma
que você conhece para sair da cama
antes do relógio da cozinha
dar sinal de meio-dia

novatos inventam que beberam
com você e que vararam a noite
com você e fizeram loucuras
na cama com você — mentiras

então numa festa com uísque de graça
uma jovem de cabelo curto
chega bem perto de você

e fala que sente pena de você
diz que você está se tornando
tão patético quanto as personagens
que inventou

o que de tudo ficará? literatura? —
para que diabos serve a literatura
quando você está feliz e tem amor?

(amar é algo que não se completa)

preciso anotar que nunca
se está velho demais
preciso reencontrar a boa forma

estamos hipnotizados
querendo ser celebridades
nós deveríamos ser a esperança

que geração ridícula esta
que jamais promete
o que não pode cumprir

os pássaros cantam
às seis da manhã
aqui no Rio de Janeiro
você é o único responsável
jogue fora os atalhos
tente não culpar mais ninguém

já é longa
a nossa história
na voz do locutor

e tuas respostas ingênuas
(convexas na poeira)
um colibri

onde ocultamos nossa afeição
virou um deserto — não como
o dos poemas ou das letras das músicas
porque, neles, deserto é refração
enquanto o nosso deserto é sombra

recordo teu rosto
recebendo a radiação do Moinhos
o pacto que do esmaecimento
nos pouparia — por isso
nenhuma casa foi a nossa

permanecemos na luz
que passa, não desvia
de tão bem que escondemos
na areia o nosso rastro
e, nesta cólera de sol, seu calor

atinge certeiro os nossos dias

esta água de quelônios
que poderia ser voz
para nossas plantas
nossos peixinhos

veias bem ruins de encontrar
tua parte nesse *plano alimentar*
de gente solteira
demasiadas palavras

rouquidão de geladeiras vazias

guerreei orgulhoso
contra o amor
não precisava

LIVRO DOIS

se o destino é respirar
pode-se dizer então
que o estado inicial
é de afogamento
pés sem tornozelos
prontos para a revolução

em resposta (vinte e cinco anos depois):

escurinho aceitável falei mais fácil
enquanto dobrava em ferro quente
meu pixaim

e ainda nesta maldita *pele adequada*
porém de um preto sem fim —
de novo escapo do peso desta fantasia

para arder o que Zumbi ardia
quebrando o afago de quem
não me reconhece na gentil plateia do

Diz aí, sarará crioulo, sabe por que o mundo é redondo?

revoltar, revidar
e ser mais um *macaco* assim
nunca mais disfarçado, nunca mais calado

nunca mais *ai de mim*

estude além do terceiro grau
esqueça os portões de clube
(o voucher)

entenda o que significa odiar
rode esse interminável carvão
estenda-o à sua visita branca

quando minha perversidade é betume
busca o desfile que leva teus olhos
ao insondável lugar de nossa partida

por isso este vegetal das queimaduras
este grampo incurável que sozinho carrego
desligando o que meu coração ainda implora

devolvendo ao futuro tudo o que dele já partiu —
te sonho profundo (e nesse aguardo)
sou raiz no teu desvio

comendo o cromo da bola oficial
apostando sua habilidade sempre penúltima

tentando achar o que falta, algo falta
(gasta-se como pode nas propagandas)

mantendo o estorvo apolítico
furtado da vida

ansioso por se extraviar nos gols

você arruma seus cadernos
a luz plagiada de um poema adolescente
basalto que traz Yucumã, ali a História
até essa máquina polida de fúria-Calibã

quando elipses-esfinge
quando corredores de supermercado
bandeiras até São Paulo
sonhando um jardim chamado pesadelo

de alma destroçada — regurgitados pelo sol
homens de inventar sertão
incapazes de sentir
desfazer a cruz e voltar

deixei o cansaço da espera
meu ser pingou-se único
embosquei minha alma
com tuas lágrimas falsas

atrevi o espetáculo de horror
sem paz, teu monstro escolhi sê-lo
(no verbo que não se acalma)
não mais sonhar com calor

nesses teus dias de gelo

nossa festa foi arrumação de partida
mala que nunca terminamos de aprontar
lá dissemos que era só um momento
labirinto da estrofe mais doída
e que bem depois aceitaríamos
o que resolvessem esperar de nós

a surpresa da normalidade
o chão e a guinada da normalidade —
sem que tivéssemos ideia
do tremor do mundo
a partir de nossas sombras projetadas
na pista de dança, nas paredes

a festa foi a igreja que construímos
(aquela festa foi a igreja que construímos)
dentro de nosso corpo
e dentro de nossa alma
festa gravitacional atroz —
mentira de jamais naufragar

festa, festa, festa
onde se esconde o malfeitor
que lutava para não ser expulso
da areia de nossa arrogância
do farol que liquidifica as memórias
de quando se vai até o fim

festa, festa, festa
lá nunca dormimos
lá nunca acabava
e lá ainda estamos dizendo:
é só um momento
é apenas uma festa longe

de sombras alvejadas
por um sol inofensivo
e um incômodo inofensivo —
e, hoje, sempre essa dúvida
e esse não chegar
hoje que se decora pela inutilidade

onde cada grão é tua asa
único peso hoje casa —
o retornar em silêncio
sem olhar para trás
para as sombras batentes
que, lá, ainda esperam por nós

o incêndio prorroga a arquitetura
o céu deixa de ser figurante

nesta opacidade, neste segundo
um jovem está pedindo para não morrer

Jesus Cristo empina a motoca
e acelera — acima de todos, gritam

a ambiguidade, o Cristo guerreiro
pix do povo brasileiro

do céu, os pássaros fogem
em sua infindável pré-história

e de suas pedras (que nos roem)
ardem seu Lúcifer enquanto podem

em 1993, escrevo em tinta preta
numa camiseta Hering branca XXL
quem acerta o alvo perde o resto
jurando que é uma frase dita por Tarkovski —
um amigo que entende muito mais do que eu
de Tarkovski diz que ele nunca falou
ou escreveu nada parecido com aquilo

em 1994, antes de iniciar o tempo de dois anos
em que decido ficar sem ler e escrever poesia
(e acabo doente por causa dessa decisão)
escrevo um poema intitulado
"Na Lancheria do Parque com Tarkovski" —
o poema começa assim:
quem acerta o alvo perde o resto

(peço dois pastéis e um suco de laranja)

às vezes ainda uso esse verso —
nele é quando eu não sabia
que alvo é para ser errado
e o que está na queda
angaria, dá fertilidade: é preparação

rap do chifre, corpo ninguém do Desterro
barqueiro prum Deus-caravela
no lombo a varada
carícia é a sela

nesta noite de lua, seu Diabo a dar trela
enquanto Ele vai morto em seu limbo pascal
da farra do boi (no boi sem cancela)
e, na conta, a brisa revida o jugo do mal

na quaresma, seu abraço
separando por erros meu cansaço
aflito e sem par, fiel à peleja
isca é o suor que seu Diabo fareja

sei que errei e ainda sigo errado
escravizado adivinhando escravidão
gancho o animal ao mar ensejado
e nossos cascos se molham de escuridão

rap do boi aleluia
para que o ano se salve funk boo-yaa
e o testamento da paz de novo se atreva
substituindo o broto (do manhoso o adeva)

por nós que vivemos de abandono
da raiz do não cantar — açoriano segredo
até que à sombra da cruz (em estorno)
esteja de volta o medo

cobre meu gosto com o teu
cobre minha palavra com a tua
pois é noite em Porto Alegre
e banharei teus demônios
dentro do meu traje de boi

meu couro a lenha
prenha apática
éden açoriano sobre o qual
se equilibra a bandeira do teu saque
(a lâmina da tua má jurisdição)

porque é tarde e tuas fardas
já não sabem das lanças esfaceladas
deste sul
e o que em ti ainda havia de Quintana —
Mario Quintana!

os amassados no mapa
enchentes Piratini, antes deste medo
que hoje sinto de ti — cidade sem harmonia
perdão pelo ódio em teu verbo
teu orgulho baldio

teu churrasco onde tudo queimará

em direção à fronteira
é belo nas folhas o verde da soja
tapete ondulando a luminosidade deste sol
perfeito como um transe-Windows
atalho em programação (um post)

encosto o carro, pego o celular, e você pergunta
se consigo adivinhar onde era o ânimo do mato
e, sem esperar minha resposta, conta que brincou
de luz dentro do novelo do mato — tiro a foto
a vida roça a caça (e nada me parece caminho)

nas laterais da rodovia, a plantação — o calcular
a certeza de que por aqui nada vive sem domínio —
a plantação não devolve o som das máquinas
que reaparecerão em breve
e contra as quais (lá de trás até a fronteira)

guerrearão para sempre todos os passarinhos

santos reclamam sindicato
com seus próprios céus
colam as rachaduras de seus rabos

as gangues sua brancura
seu luxo é lixar pele escura
sua lâmina é o alicerce

(é quando santo desce o cacete)

as crianças riem a dobra de aposta, o trágico
oi que dou oi que dou jurássico
os homens cantam seus paus

atados à promessa de acertar
e ainda mais podres do ouro
se esquecem:

o tempo degola os mágicos

por trás da fachada, este fogo é negro
(picota teu passe livre, dissolve teu amianto)
desejo-respiro, lembra? — cinzas de nosso país negro

empacotador de migalha, rei do arrego
caravela chegando
distopia de ferro disparando

mesmo quando mais encanta
dobrando-se à lei
dizendo-se purificado, um *grego*

como todo covarde
(como um grande canalha)
como todo grande impostor

no Planalto, o desenho de um avião abatido
peças dominó (imenso dominó-cerrado)
urubus hospitalizando o azul da esplanada
onde o céu é apenas discrição
sufragando a rapina, o roer da acomodação

neste vento que só foi bom nos croquis
guarnecendo com seus favos perecidos
a colmeia sagaz, lar dos intolerantes
brados retumbantes — contudo
sonho é deixar

velhas são as línguas desse artifício
hospital alado velho hospício
no seu concreto um fogo mudo
(para diversão dos cegos)
o fogo e a revolta dos surdos

fantasmas arrastam fantasmas
pelas bolas milicas dentro do clube privê

o nome de Deus aplaude a decolagem
depois — de uma profundeza que não se vê

reflexo deste dia em festa Dorflex de otário
pregão regando Red Bull no bicentenário

monitor full normal parasita-signatário
de quem paga — superfície-editora do aquário

hoje, sei: meu superpoder é colocar
carroças na frente dos bois
no *compro ouro* onde o ferro
volta aos tablados da promessa de república —
jornada duma luz que não aceitei

metragem cansaço inesperado
(razão preenchimento do odiar)
e uma voz de copiadora me dizendo:
nunca e nem de perto
foste tu um candidato a salvador

as lágrimas das passeatas
a esperança que alastrei
sem encontrar a guerra justa
que havia dentro do poema e da canção —
alinhavo o que se rasgou no sonho

admito que o tempo é maior (e dá repuxo)
que são intermináveis os desejos
e ainda mais intermináveis os sonhos
apesar da evasão que deles nasce —
atingido pela chance do amor

(jarro terrível)

falho escudo imprescindível

diante do Direito que rebola
abra uma conta
sem olhar para trás

para o que segue petrificado
por imaginar que seria luz
na vidraça do Império

mundo litigante
caixas de beba gelado, de não consuma
se o lacre da embalagem estiver violado

em coro com promessas que garantem
sem mostrar: atrás da lei que rebola
navios tumbeiros ainda rebolam antes

peço licença à fila dos que
pela escada rolante da estação Carioca
querem descer

ponho minha cadeira de ré
firmo o tórax e o pescoço
e um pouco menos a barriga

respiro e sorrio nos olhos de sempre
e tudo que se alagará depois
jogo as rodas na esteira

laço que ali é semente
tudo que de minhas mãos depende
neste *brique* como eleição

e, no metrô, trepida
discrepância-Ipanema (tempo alheio)
essa dor que não me sai dos braços

piso na grama da praça do governo estadual
nas estrias secas das suas quadras
o calor entranha nas sombras das árvores
sua idade

enquanto a estátua de Luís Carlos Prestes
reage convocando de sua flor perpétua
o sol e o azul fossilizados
para que renovem a licença

convocatória, este *sertão* que ameaça
criação
estio a que este poeta se tem agarrado
para os ossos dessa noite

o faz de conta que o horizonte não tem aguardado

sou formiga — da parte que não conseguiu
ser formigueiro

a seiva da pirâmide de 460 estúdios na Sumaré
desprotegendo o céu de São Paulo

esse nada, essa pouca saliva —
truque de desparecimento

a mais miúda, a que dá de comer à ROTA
enquanto paga a dívida que é de toda formiga

driblando o polegar do César sobreposto
o que dessa folha evapora, entre o ácido do fogo

e a língua do tamanduá

você não se enxerga lá
daí com certeza está lá

aguardando o leite da pedra
pra filmar a cena

trabalhando com afinco
trabalhando muito bem

este mito é um tigre
sua certeza a carga
que escrutinará o regresso da praga
através dos quintais por horas
querendo os brinquedos
que o entusiasmo da ordem enterrou
enquanto a besta devora
cada peça que a praga desenterra
sem perceber que é fome
e sua força predadora
nada que a incerteza infinita de um livro
não tome

LIVRO TRÊS

do outro lado da porta
uma nova brincadeira caçoa de mim
enquanto promete me amansar

ai, que medo

é o senhor escuridão
que espera nos cantos
para me beijar

senhor escuridão, senhor escuridão
no teu ventre, vou desmaiar —
você me quer? você me segura?

não dá resposta
apenas este silêncio de crepom
me ganhando no seu emaranhar

rompendo as trancas, atado à noite
sem rosto, senhor escuridão cavalga
já sabe que me devora

e eu gosto

ai, que medo

nuns lugares
muito afudê

noutros lugares
muitos advogados

o escritor está se afogando
na piscina inflável formato olho extorquido
de Luís de Camões

ninguém virá salvá-lo
o escritor e a sua vaidade
contam com isso

a água é colorida
com o seu pensamento
e infiltra em seus pulmões

incerto é o seu nado
sem recompensa —
doença da insignificância

aquários extorquidos de Camões

levanto a casca
seu tremor calcário
penso no teu riso

e ainda cego
destes fósforos molhados
me levanto

o mundo abstrato abarrotou
(a estampa na tua camiseta)
a linguagem está em pulgas

a fidelidade no dorso
da mão que balança as armas
aos anjos da rave

o sorriso do polícia sob a luz do sábado
e a mesma erva daninha brotando
na estampa da universidade

(inútil set de filmagem)

na minha camiseta

urutu beijo de rachar
de me arremessar homem
crônico até não aguentar —
a corvina te enreda

sente a água, adentre
nade o broto do fim —
é alvorada, agora, sente
pressente

toda morte é ventre

quando você me pergunta
se o shortinho ficou bonito
e se deve levá-lo

trator polinizando margaridas
onde passam filmes de outras décadas
e tudo que te recebe

enquanto pela fresta do provador
segurando tua bolsa
e teu chapéu de praia

nessa distância que existe
e inexiste entre nós
meu verão a pau

(clube de assinante)

página de internet pouco lida

no esqueite rápido
(rolamento rápido)
só enxergo vogais

quando (te noto e)
tento sorrir
meu pescoço dá um rabo

de azulejos quebrados

rock and roll, não assopre as velinhas
não sou mais comportado

rock and roll, me dê mais tempo
ainda é pouco o que tenho decorado

do teu desastre, Paulinho
ainda não escolhi quem imitar

quatro e meia da manhã
pela Vasco da Gama, eu não dormia
o interfone tocava, eu descia
seu rosto escorado nas grades
pet que me extorquia

meu amor pisca
troféus em estantes
na motricidade de ser ferido
laqueado de capotagem

notei o
ventre
que era
dentro
do vaso
e rachou

vivendo a diaba
perambulo pelas galerias do Arpoador
um sonho nosso que aqui deixei

(Rio que ainda procuro)

de eterno lanche, desta vez
mesmo sem dinheiro e esquecido que te sonhei
comprei um esqueite novo

os dedos amassam o ramalhete
no celofane, trincam a carne
até o espinho

mademoiselle foge de medo
desse pouco sol
ladra é a flor

ontem alguém botou fogo
nos butiás nativos atrás do quilombo

alguém descascou com talhadeira
metade da arte rupestre no trecho
entre a praia pequena e a da preguiça

alguém deu três tiros contra a escola
da aldeia indígena da curva do morro
e ainda gritou eu volto amanhã
pra decepar a outra mão da bugra

alguém entrou
na padaria do Paulino
e reclamou que praqueles lados
é tudo parado
nada nunca vai para a frente

alguém violentou
um aluno branco de sete anos
na escola particular
mais cara do município —
a polícia tem tudo sob controle
mas não é caso de flagrante

alguém arrancou
e cortou em pedaços
a corda que separava

preto de branco
no baile do domingo —
ficou a cordilheira do tempo
marcada no piso encerado

hoje o mar não deixou nem sequer
uma beira de faixa de areia
livre do seu ataque —
e os barcos de pesca
ancorados no canto da enseada
(em alguma segurança)
incorporaram
o balanço da ressaca

tudo que a luz da manhã destrói

declina o que a manhã precisa
dívida que se prega imaginando
arraigado entre o nada
ímã que segura pelo afano

seis da manhã
meu esforço dá grampos
e se apaga no cloro
(embalo etéreo na frieza da água)

da paz que não sinto
ao meu olhar sem teu vermelho
por assim diálogo — e a lembrança
sangra um sumário de lambaris agitados

luz
(que dribla estes prédios)
lambe
lambe
é aqui

quase inverno
e tudo se aprontou
desse terrível abandono
(portões arrombados)

nada restou de espatifar

é da parte do ressarcimento
manejo indolor do Renascimento
foi movimento de asas

agora é apenas uma iluminação difícil

quando o riso sujar
peca, dá o teu peso
procura as sombras
afana os paliteiros

sobreviver
demora
é quase nunca
nunca

foi assim desde o final da manhã
como se fosse sua escrava mais ardorosa
: a água

tiro do bolso o papel de seda
Ele espera, calço a secura do deserto na guia
prendo o barbante no carretel, hasteio

vejo a alma negociada: sou o ladrão
e meus cascos festejam
quando o desgraçado morde minha orelha

sapateiam querendo ser como Ele
que assopra este mundo aos fortes
(Cruzadas em celibato)

os únicos que me compreendem bem

o analista é um costureiro
sabe que para continuar sendo analista
não pode desconsiderar o que na costura
se move — é bom de soma e derrama
classifica deixando a coleta se espatifar
depois recolhe os cacos que lhe convêm

a análise é vela acesa no escuro
compatível com a reciprocidade —
o analista sabe que precisa de um sol
(este sol é o conceito)
não importa o recife descoberto
as cartografias e sua luz impenetrável

dali vem a grua fractal: palavra amanhã

fungo do início de qualquer cidade

na memória desta noite, duas outras noites brigam
uma esperneia no queijinho da boate
outra no xadrez Sessão Premiada da Tevê Você
(a que iniciará comendo pela tua boca)

espero que este velho aprenda a se comportar
(tem vista da Paulista da sala do seu apartamento)
vai, Maisena, vai tombando
no lugar onde os homens velhos se escondem

eu realmente espero que este velho aprenda —
vai, centauro, se arreia, dá teu chumbo de afundar
só não esquece de dizer
que não vai mais levantar

se depois da arruaça, em teu copo

os olhos do cavalo não voltarem ao cão

outra bobagem, porém:

o grama pesou a grama
a gama posou no gama
a grama pisou no grama
o gama pousou a gama
o drama passou a trama
e a trama o levou

surfistas chegam com suas camionetes
com seus óculos espelhados
com suas camisetas de surfe e o seu silêncio

transportam seu recorte nômade
emparedam as ondas
(do sol, esta febre que nunca está no lugar)

tenho a minha camiseta de surfista
para mim o surfe é anseio —
com a minha camiseta de surfista sou surfista

durante a temporada da pesca artesanal
eles somem — e eu caminho até o mar
com estes mamilos exagerados à mostra

espólio da solidão, espalho e planto na areia
pés que mal sabem nadar
e chamo de calmaria o que me tortura

essa miniatura
no meu peito, outro batimento
antes da invasão

a sumaúma lança
sua força naval
pelo Jardim Botânico

(e o Rio de Janeiro não dá trégua)

suas nadadeiras notam minha paralisia
sabem que é viveiro
este meu olhar de baleia

(ainda mais gigante é o Corcovado)

gigantes são parte do cardume
nada disso em aquário
montanha que resume

Paulo Henrique, tudo não passa de mar

difícil explicar
porque ele é somente o coelhinho-negrão
sua vida, suor dos ácaros
mofo do poliéster

as margaridas conversam no papel de parede
resistem na oclusão do reboco
auréolas fornicam um desfile pedinte
contra o olhar da fada

trocada em bandejas de carne cada vez maiores
sobre a cama de casal
onde coagulado está o decente ar da escola —
o coelhinho a chama de casinha-que-morde-os-nervos

e, quando ela diz que está em perigo, lhe dá a patinha
de anzol
para que suportem juntos
as desgraças do filme pornô

a tarde é o reflexo de sol nas calhas do viaduto
dentro escaramuça poeira e calor
a mãe aguarda que ele termine a história
no final, ele insiste com a mão direita espalmada

ela sorri e lhe diz que falta um dedo
para o quinto ano da sua vida-presente-de-Jesus
abre a lata de leite condensado
e traz para perto de si a garrafa de água com gás

seus olhos incharam
de nunca se permitir chorar na frente dele
há bolhas enormes nas bordas das pálpebras
e, quando ele pergunta, ela diz que são da festa

(não há espelho neste túmulo)

tira o alfinete da blusa, limpa com saliva
abre a garrafa, o gás e a transparência aplaudem
o casaco do pai dele é um fantasma
é da festa esse gênio

diz que chegou a hora de estourarem os balões

não havia mina alguma no recinto
ainda assim (em garrafas)
os héteros se achavam
os mais gostosos

a máquina de afiar
afiou a noite inteira
sonhei que discotecava na sala
você chegou e me beijou na testa
esperávamos alguém

acordei, havia chumaços de cabelo
que não era o meu ou o teu nos lençóis
decidi não tomar os remédios, saí da cama
madame Festa Continua consentiu —
à noite, você chegou triste como sempre

mas, ao reparar no meu desatino, sorriu

encaro a floresta, sei que está lá
o que é impressão na fricção das árvores
a transformar a estridência
do mundo que foi à noite —
com o *sirva-se* do Iluminismo
e o seu mancar

(tirar da cartola essa escuridão)

aqui, penso em você quando preciso
reaprender a respirar
e ter costume —
teus búzios em meu tabuleiro de Banco Imobiliário
essas folhas que, às vezes, não respiram
minério sem que eu perceba

(sempre há saída)

conserto que não me chega em luz

ontem, tentei assistir à entrevista que Clarice Lispector
deu ao programa Panorama da TV Cultura
em mil novecentos e setenta e sete
(não consigo passar dos seis minutos e onze segundos)
não sei explicar a tontura que sinto

desde o ano passado, tenho tido dificuldade
de assistir aos videoclipes dos grupos e bandas
que fizeram a história do rap acontecer —
esses lugares são montanhas muito altas
(e não é a visão do alto que me impede)

Clarice demora a me dizer: suba; Chuck D, do contrário
sempre me estendeu a sua mão
(devo estar ficando velho para acompanhar Chuck D) —
é engraçado que eu seja escritor (Chuck D não sabe)
essa vontade de montanhas

como ouso?

estes sonhos onde a pressão atmosférica é menor

de nada adianta poesia
(viver do álcool do paisagismo)
se você não divide aluguel
e a área de serviço
com esta apneia que dá fome à tempestade
em que gargalhamos o barco da eternidade
que só flutua para quem rejeita
(o egoísmo das pessoas felizes)
tudo que pela frente pedir senha
crachá, backup, raízes

e os cosméticos te aguardam
reciclam cada vez mais dispendiosos
trilham o reencontrar um padrão
o hábito de fingir coletivamente

o faminto verme da beleza
sem resgate e sem a armadilha —
a casa de volta
as luzes que passam acesas

(faróis em vermelho)
na pressa dos marinheiros
e, no lacrimejar, esse mal redigir
em drible Trianon

a incalculável reserva dos banheiros

a infância é louca
e a velhice é louca — rumamos

o jardim é este Platão caído
que não quer responder

na possibilidade
do tempo do romance

nada é familiar nesse ouvir —
erro que não condiz

no que pusemos a limpo
em teus olhos que esqueceram

e, ainda assim, daria — juro, daria
se você não estivesse rindo

toda esta verdade esborracha na ilusão ponto
cagaço fardado esfregando o chão ponto

da inerência dessa altura ponto
(este é um país que vai pra frente) ponto

nossa máquina de viver

na chupação, o golpe-rizoma
desenho que nada abraça
ausência que dá vestimenta

nessa oscilação que não alcança
você é poeta
(triciclos, enciclopédias, ciclopes etc.)

luz pronta pra coleta

advérbios que se interrompem
aqui se descobre o resgate
agora que é sempre domingo
autos-choque, flancos se abrindo
(me acorda cedo amanhã?)

poderosa luz que arranha
incumbência de alegria
que escapa e assanha
sua língua confusa
(acordo, sim, meu amor)

sem conseguir ser luz que banha

tinha três óculos
+ um aparelho de pressão

hoje tenho sete óculos
+ uma conta no Zoom
+ um aparelho de pressão
+ um de medir o oxigênio no sangue
+ um fone de ouvido que está me deixando surdo

o fone não funciona muito bem
já chegou envelhecido —
minha pressão arterial tem um namorado:
o zumbido constante nos meus ouvidos
é o que faz companhia, o mais jovem de nós

(na crônica dificuldade de enxergar)

o açougue que não deveria sobrar

seis da manhã
primeira turma de musculação

estranho e pontual
cumprimenta as senhoras

usa os aparelhos
que estão mais perto das janelas

uma delas sorri
as outras avisam que trocarão de horário

durante os abdominais, ele adormece

durante o vazamento
ela tosse o presente no cobertor
não liga o açúcar das moscas
muito menos os pardais, zonzos

trepando seu cinza com o gás

colante na travessia
peixes que me batizam
porque você os digita

passeio as madrugadas
nesta fome-vidro —
da boca escapa a mariposa

com sua língua-fita-vermelha —
nela, eu risco a lâmpada acesa do quarto
(as línguas se espalham)

na biblioteca, os cavalos-marinhos
e a chama dos teus olhos-desmonte
dragando as cartelas de aposta — cardumes

que não dizem o porquê

violento sem teu dó
atento enquanto afundo
roendo o ar da rosa
(mamadas do colírio)
margens de fotos
sem assunto

pariu a última fatia de espelho
depois o último pano úmido

o barulho da fogueira
lambuzada dos que dormem

dos treze, ainda me falta Um
de quem aguardo o óleo

enquanto sonho um nome
que me retribuirá silêncio

e quando cerzirei O seu sangue
nas meias de cada um

a claraboia mija seu galho ardósia
derrubo o que meu pensamento ajuíza
sua trama me compete

sou a cafetina que zela
enquanto os outros doze dormem
no meio deles, Ele não acorda

vive sua manjedoura (é preguiçoso)
com repugnância desses doze
costuro a viga, sua ferida inflamada

dessa vigia, em nome do Pai, brotará seu ovário

Getúlio cospe sangue, doutor
não se alimenta direito
leva minhas cartas até o pai
Getúlio é santo, doutor

balanço a cabeça sem saber como dizer
do que o seu filho se alimenta
quando retorna
no escuro interminável do meio do caminho

carnê-Minotauro
Império do Mesmo

a maçã namora o grito
substantivo esconderijo

no papel o grafite observa
o espelho refletindo sua celulose

e, nela, o substantivo sol
baú dos que seguirão perdidos

espalhado sobre o parque de pano
no quarto onde gasto os dias, o mesmo cio

tentando acertar o falso buraco
no falso gramado — já não ligo o engano

desta vida que é certa: o frio

nas sete letras
do alicate

sua mão alongava
libra da saudade

fraca luz de boate
dentro das veias azuis

surpreendo os três
sob a saraivada de fleches
o casal me convida
vem comer o docinho —
das borboletas da tesoura
separo as lâminas

então redescobrem

diante do Pronto-Socorro
ela estende com cautela o braço
para não se desenrolar do cobertor
e dos plásticos

ele aponta os carros que passam
diz modelo e ano
detalhes do motor
a garrafa de vinho pela metade

amanhã é segunda-feira, ela diz
protegendo a barriga volumosa
e se deliciando por vê-lo sorrir
jamais encontrarão nosso filho, ele responde

o vento traz um cheiro de frango
na chuva colorida pelos semáforos, o fim de tarde
na temperatura-Estocolmo
o glitter desagradável do outono

avião decola
e se inclina em direção ao Uruguai
firmo a ponta do canivete
contra a janela
rasgo Porto Alegre ao meio

no escuro do parque
pagando caro por lanternas sem pilha
e mapas podres
catando celofane
no olhar dos outros loucos
o poeta tenta fugir
(nem sempre escapa)
e, às vezes, para si mesmo
diz a verdade

abri o saco de dormir
sobre a mulher e a criança
saí atrasado

o padre rezava no palanque
passei pelas barracas (havia centenas)
entrei no capão

pelo estreito de eucaliptos, a cinquenta metros
estava a bandeira da Cruz Vermelha
a macaca branca já me esperava sorrindo

sobre o tampo da mesa de praia
as seringas preparadas, não senti dor —
esforçando-se muito ela tentou dizer: prssseinti

levantei num salto, mamei seu peito delicado
então compreendi quem era o traidor —
à noite, quando tirei a camisa para deitar

notei a boquinha em meu braço
estava no lugar exato das injeções
mandava-me beijinhos

hoje, pela manhã, falou

eu estava no banco do carona
e Rita dirigia em silêncio
íamos devagar pela Osvaldo Aranha
foi a última vez que avistei Gerusa

estava encostada numa das colunas
do restaurante aquele
com a fachada de granito —
estranhamente não senti nada

me ocorreu que ela já deveria estar em Nova York
mas não
seu olhar, como sempre, zanzava
impregnado de insatisfação

senti vontade de dizer a Rita
olha, Rita, aquela ali é a Gerusa
mas não fiz — quando, mais adiante, paramos no sinal
havia um cara alto fazendo malabares

demos pra ele um dinheiro e seguimos —
dia desses, repassei as coisas daquela manhã
e me apercebi: o cara alto jogava
com onze bolas furta-cor

na Voluntários quase esquina
com Real Grandeza, diante da vitrine
a mãe força a cabeça da criança
que está sentada na bicicletinha
para que veja a boneca exposta

corpo e pescoço inclinados
ao encontro da força das mãos
mas ainda com a cabeça voltada
para as luzes e sirenes na avenida —
e a mãe reforça

e a cabeça da criança para a avenida volta
e então a mãe desiste
e na vitrine a boneca se levanta
e é incrível — não para as luzes e sirenes
na pista de corrida

dentro da cabeça da criança

o tempo não explicado do poema
suposto que me iguala
à voz que me abduziu da escola

é dentro de um pensamento
que se veste em cura
o caos das meninices

meu lugar na humanidade

ninguém me responde
só o despertador do celular responde

o *insira o tíquete* que adere ao sonho
quando não basta fronha e falha o esquema

cerco de floriculturas
que não abrem nos feriados

área sem sinal de rede
argumentos que não detêm a faca

o vamos de novo de plug & play
dentro da cabeça chapada de problema

nas cores, a montanha-russa
baleias na tevê da loja
reitor insaciável, tempo rali

nas suas veias
a pressão sanguínea das descolagens
o segundo congelador dos sonhos

que ele já não consegue assistir
(mas Florianópolis tudo esquece)
carimbando Olimpos, essa tela imensa

apenas a ambição de ser maior

meninos vespas na sombra
usando do avesso o maracatu
cafuzos antes da separação

ao som do motor do bebedouro
no corredor reino ignorado
satá no intervalo

do treino do caratê

pobre lobo braços prontos
eu que fumo dos teus lábios o tecido

éden-refil sem garra, morto-vivo
que em meu corpo estagnou

porque não estavas e
porque não querias me soltar

e de novo pegou fogo
adiando do verão a páprica

para o que vaga atrás de sonho
fascio dentro das fábricas

três cachalotes na baía
o frio é inútil diante deste sol

sobre a Pedra do Arqueiro
eu e os outros observamos

as três gigantes
a quebra de sua apneia

seladas na distância
isqueiro do antropoceno

que reconstituímos pelo olhar
os caninos da ciência

se o que está em ti, poeta
não te traz solidão suficiente
não te leva ao cinema

o que está em ti é cerco
e a contragosto, poeta
te confundirá no outro

as reticências
dão partida

são trampolins
prestes a quebrar

nove ratos dilaceram um pardal —
sento no banco mais próximo
ao lado de um homem
que olha fixo para o céu

peço licença
ele pergunta que horas são
digo-lhe que é meio-dia
e volto a reparar nos ratos

um deles está cercado pelos demais —
pergunto para o homem
se a claridade excessiva não lhe fará mal
ele responde que escuta meu reparo

o melhor modo de estudar a noite

sem a erva dos teus olhos negros
o repuxo me arrasta
minhas olheiras embaçam
viram óculos de nadar
sinto a lambida do anjo
(a rocha de minha juventude litorânea)
e depois com estrondo de ginásio
o grito me arranca do mar

aguarda a limpeza do restaurante
dormindo sala vazia em plena tarde
para as peles de frango
que serão seu moletom

soube que lhe deram um novo apelido: Dino
porque ela sempre repete o bufê

restos de comida voam sobre nossas cabeças
vira guerra — nossos amigos riem pra valer

o dono do restaurante ameaça chamar a polícia
escudos de gás e cães

nossas canetas serão as armas — o sabonete
em meu prato já é metade de uma cicatriz

(é bom saber que não temos idade)

Deise não sabe o quanto gosto dela
entre as folhas do seu caderno, nossa foto

mandando convites para todas as vezes
em que, vendada, treinando caligrafia

escreveu a palavra ansiedade

o olho é um ovo que engole
um ovo que nasce geminado
portanto (e com sorte) olhar
não é só

braços e pernas inchados
baleias arpoadas de inverno
frágeis do pouco sol

companhias da minha alma infantil
ornamentando com seu calor
cada centímetro aquático de veia

aterrando-me
até meu nado monstruoso incinerar
afugentando as panapanás

dando-lhes a imensidão dos mares
e, no último segundo, agrilhoando-me
em toda a sua ressaca

meus olhos confrontam a claridade
lá se vai outra presa

de novo esbarro na canícula
em que Deus me derrota

com seus materiais singelos

aos calouros
vou avisar

nem todo sonho
aprende a voar

novatos
(pardal no mato igual um rato)
nunca encontram o que esperam

comem com os olhos
tremem de frio nas filas
e, mesmo assim, perdem tudo

por não saber esperar

LIVRO QUATRO

da sua boca ocupada em mastigar a própria mãe
depois de envenenar todas as suas irmãs
e todos os seus irmãos
você recita o verso favorito da sua guerra:
como é sublime saber amar

somos os que sempre escaparão do seu truque
os que dançam sobre sua inesgotável insanidade —
não pense que sua força momentânea é cruzada
sua chance escapou
quando você se colocou de joelhos diante da morte

e disse: eu te aceito morte
estou pronto para te entregar minhas irmãs
e meus irmãos, ó Morte
como é sublime saber te amar —
mas sua paz nunca chegará

e sua loucura nunca cessará, Legião —
minhas palavras são o crucifixo (a roseta da onça)
que esfarelará os seus caninos
são a raiz e o tempo que rachará suas mentiras
pois sou tão monstro quanto você

a canção-Iroco que faz você tremer
quando deita sua cabeça no travesseiro
no constante inferno da sua noite
ou se olha no espelho e não enxerga sua alma —
você, Destruição, nunca saberá o que é sublime

no ódio que te mastiga, nunca saberá o que é amar

Agradeço a todas as pessoas que, ao longo desses anos, generosamente escutaram minha loucura.

ESTA OBRA FOI COMPOSTA POR OSMANE GARCIA FILHO EM ADOBE GARAMOND
E IMPRESSA EM OFSETE PELA LIS GRÁFICA SOBRE PAPEL PÓLEN NATURAL
DA SUZANO S.A. PARA A EDITORA SCHWARCZ EM FEVEREIRO DE 2025

A marca FSC® é a garantia de que a madeira utilizada na fabricação do papel deste livro provém de florestas que foram gerenciadas de maneira ambientalmente correta, socialmente justa e economicamente viável, além de outras fontes de origem controlada.